三國風雲人物傳 ①

隱世高人諸葛亮

宋詒瑞 著

新雅文化事業有限公司
www.sunya.com.hk

目錄

本書內容參考並改編自史書《三國志》、
小說《三國演義》及其他有關資料。

三國人物關係圖

曹操陣營

謀士

軍師

司馬懿 字仲達

郭嘉 字奉孝

曹操 字孟德

武將

徐晃 字公明

張遼 字文遠

夏侯惇 字元讓

曹洪 字子廉

曹仁 字子孝

劉備陣營

五虎大將軍

關羽 字雲長

義兄弟

張飛 字翼德

義兄弟

趙雲 字子龍

馬超 字孟起

黃忠 字漢升

劉備 字玄德

主公

武將

義子

關平 字坦之

周倉 字元福

謀士

軍師

哥哥

諸葛亮 字孔明

孫權陣營

孫權 字仲謀

妹妹 孫尚香

← 家族

← 軍師

父親 孫堅 字文臺

母親 吳國太

哥哥 孫策 字伯符

武將

黃蓋 字公覆

周瑜 字公瑾

陸遜 字伯言

呂蒙 字子明

謀士

魯肅 字子敬

諸葛瑾 字子瑜

天子及諸侯們

董卓 字仲穎

漢獻帝

← 脅持

父親

漢靈帝

義子 →

呂布 字奉先

武將

華雄

袁術 字公路

弟弟 →

袁紹 字本初

武將

顏良

文醜

隆中十年琅琊子

官宦世家

公元181年，也即東漢靈帝光和四年，在山東省琅琊郡陽都縣的諸葛家，戶主諸葛珪的第二個兒子**諸葛亮出生了**。

諸葛家是琅琊的名門望族，先祖諸葛豐曾經是西漢元帝的司隸校尉，父親諸葛珪當時也是泰山郡丞。諸葛亮出生在這個顯赫的官吏之家，給盼望多子多孫的諸葛家庭帶來無限喜悅。

諸葛珪公務繁忙，兩個兒子和

兩個女兒全由夫人章氏獨力撫養。在
諸葛亮之後，夫人又生下小兒子諸葛
均。不久後，章氏卻因為勞累過度而
不幸病逝。

　　當時僅三歲的諸葛亮還不太懂
事，只知道成日喊叫：「娘親，娘
親！」尋找母親的懷抱。

　　比他年長七歲
的大哥諸葛瑾和兩
個姐姐擔負起照顧
兩個弟弟的責任。
父親諸葛珪見家中
無母不行，又娶了
一位夫人。知書識

禮的諸葛瑾侍奉繼母如同親娘，一家人相安無事。

諸葛珪很重視對子女的教育，夫人過世後，他在公務之餘盡量多多陪伴孩子。他常常給孩子們講述先祖諸葛豐的事跡。

「你們要知道，先祖諸葛豐是一位**了不起**的大官，是我們琅琊人和諸葛家的**驕傲**！」父親如此開啟話題。

「請父親給我們講講先祖的事吧。」大哥諸葛瑾要求。

「先祖諸葛豐自幼聰慧好學，熟讀經史，曾為御史大夫貢禹的屬官，後來被推薦為文學侍御史。漢元帝時

升為光祿大夫。」

「光祿大夫是做什麼事的？」一個姐姐問。

父親豎起大拇指，笑着説：「光祿大夫是大夫中最重要的，是皇帝的近臣，掌管議論大事。年奉有二千石呢！」

「更重要的是，」父親繼續道，「先祖不辱使命，他性情剛直，是非分明，辦事公正，對阿諛奉承的小人恨之入骨，對貪官污吏必定嚴懲，對違法亂紀的官人偵察揭發從不手軟，所以當時京人有句俗語『**問何闊，逢諸葛**』，知道是什麼意思嗎？」

　　孩子們都搖搖頭。

　　「意思是説：『好久沒見了，因為是被諸葛豐審查了。』哈哈，你們的先祖就是這樣厲害！」

　　孩子們都**拍手**稱好。

「但是……」父親歎了口氣說，「他耿直的性格還是給他帶來了麻煩——有一名叫許章的侍中官一向恃着自己與皇帝親近而無惡不作，先祖經考察後準備逮捕他。一天，他倆的馬車在路中相遇，先祖大喝一聲『下車！』舉起符節牌要捕捉他，許章急忙趕車逃進宮裏向漢元帝求救，元帝不聽先祖解釋，不分青紅皂白就沒收了他的符節牌，從此先祖就失去了元帝的信任。後來，又因為先祖上告兩名官員，被元帝誤認為他施政過猛、毀人聲譽、為人不忠厚，但念他年事已老，不忍加刑，就罷了他的官，貶為平民。

先祖回到家鄉，最後老死家中。」

孩子們聽得難過，都低下了頭。

父親接着說：「雖然如此，先祖還是給我們樹立了做人的榜樣，當父母官就是要像先祖那樣為人公正、不懼權威、為民辦事，我和你們擔任豫章太守的堂叔諸葛玄，現在就是遵照着先祖這個榜樣來做人行事的。你們也要切記先祖的精神，走你們的人生路！」

年長的孩子們都點頭表示明白。年幼的諸葛亮似懂非懂，但父親與他們交談的話語和嚴肅的神態已經**深深**印刻在他心中。

日後，諸葛後代都不負家族厚望，

諸葛氏的三兄弟都成為了三國的重要人物——人稱「**一龍**（諸葛亮，蜀漢丞相）**一虎**（諸葛瑾，東吳大將軍）**一犬**（諸葛誕，諸葛亮的堂弟，魏國大將）」，諸葛亮的弟弟諸葛均也是蜀漢大臣。他們這一代的子孫中不少也是英勇的戰將，拚死疆場。

叔父撫養

不幸的是，諸葛亮八歲那年，父親諸葛珪也因病去世了。

父親是一家之主，七口之家的支柱。他的離世給諸葛一家帶來無限悲痛和莫大的損失，一家大小失去經濟

來源，頓時陷入困境，全家籠罩着一片愁雲。

這天，叔父諸葛玄風塵僕僕地出現在諸葛家。

「叔叔，您怎麼來了？」十五歲的諸葛瑾迎上前去。

「唉，我剛剛奉命去漢庭傳達荊州的情況，一聽說珪哥去世，就請假回來幫你們料理後事啊！」諸葛玄說。

「是啊，爸爸走了，我們怎麼辦呢？」兩個女孩哭叫着。

「你們不要擔心，有叔叔在，你們不用怕，我會照顧你們的。」諸葛玄安慰着孩子們。

「謝謝叔叔，叔叔費心了！」懂事的諸葛瑾連忙鞠躬道謝。

諸葛玄説到做到，之後他每月寄來薪俸支撐這一家的生活開支，幾個孩子也能繼續得以聘請老師來家裏傳授知識受教育。琅琊人都稱頌諸葛玄不忘兄弟之誼，做事有情有義。

如此過了六年，到了公元195年，東漢朝廷選了朱皓代替諸葛玄為豫章太守，諸葛玄便去到諸葛家告知這個消息，並商量今後去路。

「我與擔任荊州牧的劉表是認識很久的朋友，不如我們去他那裏吧。」諸葛玄說。

「叔叔，我已經長大成人了，應該擔負起贍養全家的責任。我想去江東謀個差事，掙錢來養家。」大哥諸葛瑾說。

「你的想法是不錯的，也應該這樣。但是你初到江東，不一定能找到很好的差事，只靠你養活這一家人還

是比較困難的。」叔叔說。

這倒也是個實際問題，大家都**沉默下來**了。

後來，還是諸葛瑾想了個折中的辦法：「我看這樣吧，叔叔帶我們六個人走，負擔太重了。還是我帶母親去江東，兩人的生活比較容易解決。兩個弟弟和兩個妹妹就託付叔叔照顧了。」

衡量之下，這的確是個比較恰當的做法。於是就這樣決定了，全家被拆散，諸葛瑾盡其孝職，帶繼母去江東謀生；叔叔諸葛玄帶着諸葛亮、弟弟諸葛均及兩個姐姐去了荊州投靠劉表。

　　劉表是東漢末年的宗室名士，也是一名軍閥。他接任為荊州刺史後，採用謀士蒯良和蒯越兩兄弟的治政策略，恩威並施、愛民養士，幾年內肅清了周圍盜匪，稱雄一方，被任命為荊州牧，駐兵襄陽。

　　諸葛一家也就在襄陽安了家。在此期間，諸葛亮的兩個姐姐出嫁了，都嫁到了官吏之家。

　　可是**好景不長**，朱皓聯合揚州刺史劉繇進逼諸葛玄，諸葛玄退到荊州西城，公元197年那裏發生叛亂，諸葛玄被叛民殺害。諸葛亮兄弟倆又成了**無依無靠**的孤兒了。

——隱居隆中——

那時的諸葛亮已經是個十六歲的少年了，遇事有自己的主張。

「均弟，你看，發生了這樣的事，我們在襄陽是待不下去了！」諸葛亮對弟弟説。

「是啊，想不到好心腸的叔叔竟然會遭此下場，**太可悲了！**」諸葛均嗚咽着説。

「唉，世事難料啊！」諸葛亮歎氣道，「叔叔對我們有情有義，已經盡了最大的努力來照顧我們一家了，我們永記在心。均弟，我想與你商量，我倆不如搬到離此地不遠的隆中

去居住吧！」

諸葛均問：「**隆中？**為什麼去那裏？人生地不熟的。」

「那裏遠離市鎮，山清水秀，非常清靜，是安居的好地方。況且，我有幾個好朋友就在那附近，平日可以來往，不愁寂寞。我再三考慮，覺得那裏很適合我們。」諸葛亮說。

「我沒意見。可是，我倆靠什麼生活呢？」弟弟很擔憂。

「你不必擔心，叔叔留下了一些積蓄給我們。我們還可以在那裏耕種田地，自食其力啊！」

「好，一切聽哥哥安排。」

於是兄弟倆就攜帶了為數不多的幾件行裝，揹了滿滿幾大袋書，移居到隆中。

隆中，是一座山的名字，那裏離襄陽只有二十里地。樹木葱鬱，人煙稀少。諸葛兄弟到了那裏，見到環境幽靜、風景宜人，心中自是喜歡。於是在那裏請人蓋起了幾間茅屋，又在屋子前後親自動手開荒耕地，種植糧食蔬菜，過起了農民生活，倒也能自給自足、自得其樂。

諸葛亮對弟弟說：「這裏人煙稀少，是個讀書的好地方，我們在耕種之餘，也要勤讀書來充實自己。」

　　諸葛亮從小就熟讀經書，養成了手不釋卷的習慣。弟弟跟着他耳濡目染，也成了愛書的人。兄弟倆還經常交談各自的**理想與抱負**。

　　「我就是崇拜法家的代表人物管仲，他是華夏第一相啊！」諸葛亮讚歎道。

　　「為什麼管仲會享有這樣的盛譽呢？」弟弟問。

　　「他擔任齊桓公的宰相時，運用他在經濟學、哲學、軍事科學方面的知識大舉改革，使國強民富；對外又聯合諸侯，使齊桓公成為春秋五霸之主，功績巨大。一個國家就是要有這

樣的臣相來輔佐君王啊！」

「哥哥想不想當這樣的臣相？」諸葛均笑着問道。

「那要看輔佐什麼樣的君王，若是昏君，扶他幹什麼？良禽要擇木而棲啊！」

「**哥哥說得對！**」諸葛均說，「我當不了政治家，只想練好武藝，將來保家衞國，不惜以身許國！」他的確是天天練武功，長得結實強壯。

「你有這樣的理想很好啊！那你要多學燕國的樂毅將軍，他也是我崇敬的人物。」諸葛亮說。

「他有些什麼事跡？」

「樂毅將軍是一位傑出的軍事家，打仗會運用戰略，曾經統帥五個國家的聯軍攻打強大的齊國，一連奪取了七十多個城鎮，是戰爭史上以弱勝強的有名戰役，你可讀讀有關的史料。除了天天練武之外，你要多讀些兵書和史書，學習兵法和實際戰例，這樣日後才能成為一名**文武雙全的將軍**。」

「謝謝哥哥的教導，我一定會這樣做。」

除了讀書之外，諸葛亮還帶領弟弟每天練習書法和繪畫。諸葛亮自幼便刻苦練習書法，造詣已經很高，篆書、隸書和草書都極有水準。諸葛均

　　見他每天興趣盎然地練字，便也跟着動筆練了起來。他們的父親以前餘暇時間也揮毫作畫，諸葛亮也曾學過基本功，興致一來就會即興畫一兩幅。

　　諸葛亮的才能還不止於此呢！他還精通音律，常常彈奏古琴、吟唱詞曲。

諸葛均常常聽到他吟唱同一首曲子，有一日便問他：「哥哥，你怎麼總是在彈唱這首詞曲，是你自己作的嗎？」

諸葛亮停下了撫琴，回答說：「是啊，這是我自己寫的《梁甫吟》，是紀念被讒言殺死的齊國壯士而作的。」

諸葛均不明白：「梁甫是誰呀？為什麼要紀念他？」

「梁甫不是人名，是山東泰山腳下的一座小山，很多人死後被葬在那裏。你再聽聽這首詞曲，試試看能否聽懂。」說着，諸葛亮又開始彈琴吟唱：

步出齊城門，遙望蕩陰里。

里中有三墓，累累正相似。

問是誰家墓，田疆古冶子。

力能排南山，文能絕地紀。

一朝被讒言，二桃殺三士。

誰能為此謀，國相齊晏子。

一曲唱罷，諸葛均說：「聽懂了，好像是說晏子害死了三個文武能人，是個悲慘的故事。」

「是啊！」諸葛亮歎道，「這是一段歷史事實，晏子擔心三位戰績輝煌的大將日後會成為禍害，慫恿齊景公把兩個桃子獎給他們中間功勞大的人。三人恃驕爭寵，最後相繼自刎而死。」

「哦，我聽出來了，你是借此曲子表達對三位壯士的惋惜和同情，也

譴責晏子的不仁不義。」諸葛均説。

「好，你能聽懂我的心聲。」諸葛亮撫掌笑道。

「哥哥你真**多才多藝**，會唱會彈，還會自己寫詞作曲！」

「音樂能表達心聲，能陶冶性情，能修心養生，我很喜歡音樂。」諸葛亮説。

就這樣，諸葛兄弟在隆中過着平靜安逸的生活。他們的家在臥龍崗，所以人稱諸葛亮是「臥龍先生」，字孔明。他韜光隱晦，沉澱着自己，積蓄着才能，等待着**一鳴驚人**、**大露鋒芒**的時機到來。

婚姻大事

一天，諸葛均見哥哥又要外出，便問他：「你常常出去幾天才回家，去看朋友嗎？」

「是啊，襄陽地方有多位名人隱士呢！」諸葛亮說，「著名人物有龐德公、司馬徽、徐庶、龐統、黃承彥等人，他們形成了一個文化圈子，經常聚在一起暢談天下大事、議論社會問題、探討學術議題、交換讀書心得，都是一些很有學識的人。司馬徽、徐庶和我比較熟，所以我也常常去參加他們的聚會，談論的內容都是**很有趣**的。」

「啊，司馬先生和徐先生我認

識，不是來過我們家嗎？」

「對。司馬徽先生是位很了不起的人物，他也是名道士、術士和相師，是個奇才。他拒絕做官，隱居在潁川喜歡種菜，更喜用水浸菜，人稱『水鏡先生』。徐庶本是豫州人，因為替人報仇，避難到荊州，和司馬先生來往很密切，所以我也和他成了朋友。」

「有這樣的朋友真是福氣，能學到很多東西。」弟弟說。

「是的，我與他們交談，更了解目前的時局和民眾的需求，眼光大大擴展，得益匪淺。」諸葛亮說。

這些名人中有一位黃承彥是荊州

名士，家境富有。荊州的實力派人物蔡瑁的兩個妹妹分別嫁給了劉表和黃承彥，所以他還是劉表的連襟。黃承彥見諸葛亮身高八尺，長得英偉，談吐得體，很有見識，便覺得他是一個俊才，對他頗有好感，所以也常常在家中提起他。

黃承彥有一女兒叫黃月英，長得不太好看，但是很有才能。父親經常在她面前提起諸葛亮如何如何，她很仰慕這個青

年，就託父親去提親。而此時的諸葛亮也是已到了該娶妻成家的年齡，不少人也在為他物色合適的人選。

有一天，黃承彥對諸葛亮說：「聽說你正在找夫人，我有一個女兒叫月英，長得不怎麼樣，頭髮黃，皮膚黑，但是有些才華，為你洗洗衣服、煮煮飯還是可以的。你看怎麼樣？」

諸葛亮答道：「黃大人抬舉我了，鄙人哪敢高攀！」

黃承彥見他沒有推卻之意，便約他到黃家一見。

諸葛亮去黃家的那天，一進大門就有一虎一豹向他**撲了過來**，嚇得他往後一退。定睛一看，原來這虎和豹是木頭做的，只要一按機關就會活動。

出來迎客的黃承彥哈哈大笑說：「這是小女月英的發明，用來與客人開玩笑的。沒嚇到你吧？」

諸葛亮**驚魂稍定**，心中暗暗欽佩這女子的聰明能幹，下定決心非娶她不可！

要說這位黃家千金，真不是個平凡人物。她不僅博學多才，能寫一手好文章，而且還是個武藝高手，曾經上山拜名師習武，是個文武雙全的女子。

黃月英躲在屏風後面，看見諸葛亮身高八尺，相貌堂堂，一表人才，心中也很喜歡。兩人的親事就此定了下來。

　　成親那晚，黃月英拿出一把羽毛
扇來說道：「夫君，這把鵝毛扇送給
你。」

　　諸葛亮接過扇子欣賞着：「好美
的一把鵝毛扇，哪兒來的？」

「是我拜師練武結束時，師傅送給我的，你仔細看看扇面。」

原來一幅扇面上有「**明**」及「**亮**」兩字，字間又密密麻麻寫着很多小字。

黃月英説：「師傅説我以後的夫君姓名中就有『明』和『亮』兩字，扇上寫着的字都是日後對他有用的，要我好好收藏。你名亮，字孔明，今天是不是應該把它送給你，才不辜負師傅的**一番心意**啊？」

諸葛亮笑道：「看來我倆的姻緣是前世定下了的。」

「你知道我送它給你的另一用意

嗎？」黃月英問。

諸葛亮搖搖頭。

黃月英笑道：「那天你在我家和我父親談話時，我見你議論時政頭頭是道，神采飛揚，但是一說到孫權、曹操，你就雙眉深鎖，面露愁容。如此讓自己的情緒外露是不妥的。希望你今後用這把鵝毛扇及時遮面，掩蓋自己的不安和憂心，不讓對方輕易察覺，保持鎮靜外表，這樣才能成就大業啊！」

這番話讓諸葛亮對黃月英更是刮目相看。於是諸葛亮從此鵝毛扇不離手，扇面上寫着的很多戰略戰術都幫他

解決了很多難題。因此，有人說「諸葛亮一搖鵝毛扇，計上心來」。

黃月英是位賢惠的好妻子，不僅勤儉持家、撫養子女，在諸葛亮日後的事業上也給予了多方面的幫助。她心靈手巧，諸葛亮發明的戰場運輸工具「木牛流馬」，也是她幫着設計製造的。諸葛亮不理他人議論，不嫌棄黃月英其貌不揚，對她不棄不離，夫妻倆非常恩愛。

卧龍出山助復漢

司馬試探

　　河北涿縣人劉備雖是皇室後裔，但因早年喪父，家境貧困，自小跟着母親編織草席、草鞋為生。黃巾起義時，劉備得到他人的資助，組軍鎮壓叛亂有功，被委任為安喜縣尉，當了一個管理治安的小官，但不久就因與上司鬧翻而逃亡。

　　劉備有愛國心，一心想為漢室出力，平定亂事，回復一統天下，但是苦於沒有自己可發展的根據地，多年

41

來顛沛流離，曾經投靠過六主，都沒得到重用。

建安六年，也即公元207年，劉備被曹操打敗後，投靠宗親劉表，駐兵新野。他曾多次建議劉表出兵主動出擊，擴展勢力，但是生性懦弱多疑的劉表沒有採納他的意見。劉備被困在新野一地，無法施展自己的抱負，**非常苦悶**。

司馬徽與諸葛亮常有來往，也常談及劉備。每當此時，司馬徽

往往歎道：「劉備倒是真心實意想輔佐漢室，不愧是皇室後裔，可惜他已到中年，仍無甚進展。」

「我看他是個好人，為人仁義厚道，擔任平原縣令時體察百姓疾苦，深得人心。北海的孔融和徐州的陶謙被圍攻時向他求援，他毫不遲疑派兵前去，以致陶謙會把徐州讓給他管理。很難得啊！」諸葛亮説。

「看來你很了解劉備呀！」司馬徽笑道。

「在云云政治人物中，劉備雖然成就不大，但是個很引人矚目的人物啊！」

「你知道嗎，劉備現在急需找一個能輔佐他事業的人，他在廣收人才，還託我找人呢！」司馬徽説。

「哦，您交友甚廣，學生也無數，肯定不會讓他失望的。」

「怎麼樣，你有沒有興趣呀？我可以向他推薦你。」司馬徽試探諸葛亮道。

「謝謝老師抬舉，但是我還是覺得在這小山村安逸度日比較好，目前的生活悠閒自在，不想出山了。這還不是向您這位老師學的！」諸葛亮俏皮地回答。

諸葛亮説的是事實。司馬徽學識

淵博，通曉多門學科，但他**清高脫俗**，不想做官，隱居山林，交往名人。

「那就可惜了，本來我以為你是個合適的人才。」司馬徽想進一步試探。

「我看您倒可以向劉備推薦龐

統。」諸葛亮轉了話題，「龐統雖然長得黑，外貌不討人喜歡，但是很有見識，我覺得他能幫到劉備。」諸葛亮說。

司馬徽年紀比較大，很重視培養年輕一代中的有為人物。徐庶、龐統、諸葛亮三人，是他的得意弟子。

「你說得也對，龐統是個不錯的人選，我會向劉備提提。但是，我勸你也可以考慮一下我的建議，畢竟劉備是個值得幫助的人物啊！」司馬徽還不甘心。

司馬老師的話在諸葛亮心中留下了印象。

———劉備求賢———

是的，劉備的確在廣交各地豪傑，希冀找到有才能的人來輔佐他完成匡扶漢室的大任。

他多次央求司馬徽：「您門下多優秀弟子，年青俊才不少，請為我覓得合適人才啊！」

司馬徽説：「那些儒學弟子雖然書讀得不少，但是見識平平，多為庸才，擔不得大任。能幫得了你的人，必須是對當前時局瞭如指掌、頭腦清晰、有分析能力、有謀略的俊傑……」

「對呀，對呀！我就是要找這樣的人！」劉備急切地説。

「這樣的人，在我眼裏只有兩位可算得上——**卧龍諸葛亮、鳳雛龐統**。」司馬徽説。

「請詳細説説他倆的情況。」

「先説龐統此人吧，我與他的第一次見面很特別呢！」司馬徽説，「他是襄陽人，長得粗壯，為人樸實。那天他慕名來找我，我正坐在家門前的大桑樹上採桑葉，他就坐在樹下和我聊天，談古論今，從白天一直説到天黑！我發現這個二十歲的年青人對時局很有見地，可稱為荊南士人之冠。他還毫不謙虛，説自己有輔佐帝王的才能。**你何不見他一面？**」

　　此話引起了劉備對龐統的興趣，
經司馬徽介紹，兩人果真見了面。但
是劉備見長得矮矮胖胖的龐統談話舉
止都很粗魯，說話不甚有禮貌，心中
的好感就已經大打了折扣。所以跟龐
統見面後，劉備很猶豫，遲遲沒有再
約見的意思。劉備沒看中龐統，司馬

徽歎道：「龐統這人的外表是不太討人喜歡啊！」

於是司馬徽向劉備說起了諸葛亮的情況，劉備對官宦世家出身的諸葛亮很感興趣。正巧此時深受劉備重視的軍師徐庶也向他推薦諸葛亮，說諸葛亮是自己的好友，現隱居隆中潛心修養，是不可多得的瑰寶。人稱「臥龍鳳雛，得一能安天下」，既然沒看中龐統，何不試試臥龍？

劉備也認同，便對徐庶說：「你和司馬徽兩人都異口同聲誇獎這位臥龍先生，我想他一定是位傑出的人才。那麼，何時可請你帶他來見見我

呢？」

徐庶忙道：「不可不可，此人清高脫俗，已隱居山中十年之久，不會輕易出山，不可引見來此，最好請您屈尊前去拜訪，以示誠意。」

劉備不是個驕橫之人，加上求賢心切，便同意了。

＊　　　＊　　　＊　　　＊

那邊廂，司馬徽和徐庶也曾多次來諸葛亮家，說起劉備想請他協助的事。弟弟諸葛均就問哥哥：「聽說劉皇叔有意想請你出山，你意下如何？」

「唉，這事還須看看。」諸葛亮回答說，「劉備此人還不錯，有抱負

有志氣，想幹大事。但是，我還要看看他的誠意。司馬徽向他提起了我和龐統兩人，他先約見了龐統，嫌他外表不佳而不加考慮⋯⋯似乎偏於以貌取人，這就有欠公正了。」

「是啊，人不能貌相，龐公是位很了不起的人才，可惜了。」

「均弟，我估計這幾天劉備可能會來訪，我不想這麼快就見他。明天我去外地朋友家住幾天，也想和他們好好商量一下此事，再作決定。」諸葛亮說。

「對，這樣很好。你去吧，這裏我來對付。」諸葛均說。

隆中對策

當劉備帶了結拜兄弟關羽、張飛兩人親赴臥龍崗探訪諸葛亮時，一個書童出來告訴他說，諸葛先生外出訪友，不在家，也不知道什麼時候回來。三人**失望而歸**。

過了幾天，劉備再次入山拜訪諸葛家，這次是諸葛均出來迎客。劉備一見這位風度翩翩的青年，以為就是諸葛亮，便上前施禮。

諸葛均笑道：「先生要見的是我哥哥諸葛亮，我是諸葛均。哥哥去朋友家住幾天，可能要過了年才回家。」

劉備只得坐下寫了封信，託諸葛

均交給他哥哥，信中說明了自己的來
意，並說過了年會再來拜訪，希望能
見面一談。

　　諸葛亮回家後讀了信，對弟弟
說：「他兩次進山來看我都見不到，
還不罷休，已經算是很有誠意的了。
從新野到這裏六、七十里地，騎馬最
快也要半天，也真難為他了。且看他
是否真會來第三次。」

　　弟弟笑道：「那他真的來第三次
時，你還要考驗他嗎？」

　　諸葛亮笑而不答，弟弟知道他胸
有成竹了。

　　過了年沒幾天，劉備就迫不及待

地帶了關羽和張飛又一次來到卧龍崗。

這次諸葛亮在家，書童說：「諸葛先生在午睡，我去通報他吧。」

劉備阻止他說：「不必叫醒他，我們就在外面等吧。」說着，他就在屋前簷下的石階上坐了下來。

這一等，就等了兩個時辰。

諸葛亮一覺醒來，書童告訴他：「劉皇叔已在外面等了好久了。」

諸葛亮沐浴更衣後出來見客。劉備見他身長八尺，面如冠玉，風度翩翩，先有了一番好感。

劉備排除了外人，開門見山地說

道：「久聞先生大名，一直想拜見領教。當今漢室危在旦夕，奸臣掌權，皇上顛沛流離。我不自量力，想為天下**伸張正義**，但苦於讀書甚少，學識淺薄、缺少智慧，身邊沒有能出謀劃策的能人，故雖已步入中年，屢遭挫敗，一事無成，但我仍懷報國之志。司馬徽與徐庶兩位盛讚先生雄才大略，今日慕名而來，還盼先生指點迷津，授予良計。」

諸葛亮見劉備不辭勞苦，三次長途跋涉來到偏僻山村，一心想覓得救國大計，心中已有幾分**感動**。今又見他能在門外耐心等待而不想打擾人清夢，

可見他為人厚道。眼前見他說話直率真摯，態度誠懇，便決心要幫幫他。

「將軍胸懷愛國熱忱，為匡扶漢室英勇從戎大半生，戰功顯赫，值為小輩敬佩。」諸葛亮開口說，「但將軍辛勞半生，仍寄人籬下，尚未為自己覓得一塊**立足之地**，此實是關鍵問題所在。」

劉備一聽，雙手一拱作拜：「先生真是屬害，一句話就擊中我劉備要害！那應該怎麼做呢？請先生指點。」

諸葛亮取出一幅地圖，打開攤在桌上侃侃而談：「自從董卓作亂以來，眾多軍閥起而割據，各佔州郡

為王。北方的曹操本來比袁紹名聲低微、人馬也少，但居然能打敗袁紹，從弱小變為強大，不僅是有天時，而且因為他很有計謀。如今他已擁有

百萬大軍，挾天子以令諸侯，氣勢正強盛，暫時不能與他較量。江東的孫權，佔有長江的地利，又有三代的厚實基礎，地勢險要，百姓擁護，也不宜動他，只能作為結盟對象。將軍應該先拿下荊州，再取得巴蜀益州，同時安撫西南部夷族，將來可以從兩路包抄中原，不就可以**得天下**了嗎？」

諸葛亮簡要的戰略聽得劉備怦然心動，這是一個十分明智的計劃啊！

「為什麼拿下荊州是第一步呢？」劉備問。

「將軍要善用地理條件。」諸葛亮說，「請看，荊州四周有山川環

繞，是天然屏障險阻——北邊有桐柏山和大別山與中原相隔，西邊有大巴山、武陵山和巴蜀相對，南邊的五嶺以南沒有強大的勢力，東邊有幕府山與東吳接界。即是說，荊州能『北據漢沔，利盡南海，東連吳會，西通巴蜀』，是一處用武的寶地，它的主人守不住它，這是上天給予的幫助啊！將軍是否有意呢？好好守住它就可以發展實力啊！」

「那麼，**第二步**取得益州是否有把握呢？」劉備問。

「益州地勢險要閉塞，土地肥沃，是天府之國，將為您日後大展宏

圖，累積雄厚的資本。以前楚國就是以荊州為基地稱霸中原，國運八百年。高祖也是有它才完成帝業。但是劉璋昏庸懦弱，不知道體恤百姓，明智的人都盼望得到英明的君主。您是皇室宗親，信義天下，又遍招英雄，思賢若渴，向來在民眾間享有盛譽。一旦將軍您率軍打關中，百姓誰敢不拿著食物和美酒來迎接您呢？這樣，霸業可以完成，**漢室可以復興了！**」

劉備不斷點頭稱是，但是他很猶豫：「荊州劉表畢竟有恩於我，收留我後待我也不薄，我不忍心……」

諸葛亮說：「劉表確實是個仁厚

之人，但是他做事優柔寡斷，生性又多疑，成不了大事。而且健康狀況也不佳，恐怕維持不了多久，將軍可見機行事吧。」

這次談話就是歷史上有名的「隆中對」。因為劉備求賢的誠意，諸葛亮決定出山輔佐劉備，他為劉備定下的事業大計正是日後一步步付諸實踐的行動。當年諸葛亮二十七歲，劉備四十六歲。

火攻博望第一功

────── 關張不服 ──────

初次交談，劉備已經對諸葛亮佩服得五體投地，馬上懇請諸葛亮跟他出山，諸葛亮笑笑說：「將軍一路勞頓，今晚就在這裏住一晚，明天再說吧。」劉備估計諸葛亮十之八九已經同意出山，便睡了一晚安穩覺。

晚上，諸葛亮對弟弟提及此事，諸葛均說：「我看哥哥心中早已打定了主意，要隨皇叔同去的。」

諸葛亮說：「是啊，弟弟懂我心

65

思。我要跟你商量，我這一去，你怎麼辦？是否想與我一起為劉皇叔效勞？」

「哥哥儘管放心離去，不用擔心我。」諸葛均說，「我覺得自己還年輕，學識還差，就留在這裏多讀點書，再長點本事吧。」

「這樣考慮也對，我先去看看情況，等一切穩定下來之後再接你出來也不遲。只是你獨自在此，自己要一切小心。」諸葛亮叮囑。

於是，兄弟倆就這樣說定了。

第二天，劉關張三人就和諸葛亮一起**離開隆中**，回到新野。

劉備說動了諸葛亮前來輔佐，

如獲珍寶。他拜諸葛亮為軍師，敬如師長，待為上賓，食同桌、寢同室，整天談論時局，商討天下大事。諸葛亮説得眉飛色舞，劉備聽得如醍醐灌頂，非常興奮。

劉備的結義兄弟關羽和張飛看在眼裏，心中很不是滋味。他倆議論説：「這個叫孔明的諸葛亮年紀輕輕，會有什麼本事？還不是書生一個，只會空談一通而已，把哥哥迷得如此，不是很奇怪嗎？」

他倆就找了個機會單獨會見劉備，毫不客氣地説：「哥哥不要為這個人迷得走火入魔了，我們看他整天

只知道翻翻嘴皮、談天說地，也沒有什麼實際行動，值得哥哥如此奉他為貴賓嗎？」

劉備說：「兩位賢弟別誤解，這位孔明先生真是**不可多得的人才**。回來後事務繁忙，我還沒來得及與賢弟詳細說說在隆中的談話內容。簡單說來，孔明為我清晰地分析了天下大勢，北邊曹操佔天時，南邊孫權有地利，但是我可以憑人和的優勢。他建議我們可以取得荊州立足，再獲取益州增實力，與曹、孫形成三足鼎立之勢，等待時機攻打中原，成就大業。這不是個絕妙的計策嗎？」

關羽說：「幾句空談而已，書生氣十足！」

張飛說：「這只是紙上談兵罷了，如果真的打起仗來，他能行嗎？」

「兩位賢弟不要有偏見，我們要成就大事，必須有周全的計劃和切實

可行的行動步驟，我們這些只會在戰場衝衝殺殺的人做不到的，就要有孔明這樣的謀士來策劃。有了他，我們**如虎添翼**，就可**大展宏圖**了。」

關羽還是不服：「我看哥哥也別聽信他人對孔明的吹捧奉承，一切要有具體事例來證實。」

張飛也說：「哥哥現在對他的厚待太過分了，我們都看不過眼，手下將士也多有不滿。」

「賢弟不必過慮，我做事有分寸。**有了孔明**，我好比**如魚得水**，心中無比歡暢。兩位就不必多言了。」

劉備這樣說，關羽和張飛就不好再說什麼了，但是他們心中仍是不服，悻悻離去。

初顯實力

諸葛亮問劉備：「我們這裏僅有幾千兵力，萬一曹操帶兵前來，如何應對？」

劉備答道：「我正在為此發愁。」

諸葛亮說：「這就是我們首先要做的事了——廣招民兵，立即訓練，擴充軍力，準備對付來敵。」

於是劉備在新野招募了三千名新兵，由諸葛亮親自傳授陣法戰術，日

夜操練。一時軍營內**生氣勃勃**，**士氣高昂**。

曹操一向有意佔領荊州，得知劉備在練兵備戰，就來個先下手為強，要消滅這個隱患。他派夏侯惇為都督，李典、于禁等為副將，帶兵十萬，揚言此役要活捉劉備、諸葛亮，氣勢洶洶地直撲新野，駐軍在**博望坡**。

博望坡在河南南陽西南，南、北面都有山，西面有河流，地勢險要，是襄漢的通道。西漢張騫出使西域有功，被漢武帝在此封為博望侯，取其「廣博瞻望」之意。這裏經常是兵家相爭之地。

關羽和張飛先去見劉備，嘲諷說：「你說有了孔明，好比如魚得水，這次大敵當前，你快派你的『水』去應戰吧！」

劉備正言道：「軍師是出謀劃策的人，前方殺敵還是要兩位賢弟身先士卒啊！」

劉備找諸葛亮商議出兵之事，要他**統帥全局**。諸葛亮說：「只怕兩位大將軍不聽我的安排。若是由我來統率，還望主公借我印信一用，方能奏效。」

劉備說：「那當然。」

於是，諸葛亮憑藉着劉備的印

信和佩劍召集將領們來開會，他展開
地圖指點着説：「博望的左右邊都是
山，可以埋伏兵馬。關將軍領一千人
埋伏在左邊豫山，曹軍過來先不必攻
打，他們的物資、糧草一定在後面，
等見到南面起火，就可出擊**燒毀**他們
的**糧草**。張將軍率領一千人埋伏在右
邊安林後面的山中，看到南面起火，
便可開往博望城燒掉他們的糧庫。關
羽的兒子關平、劉備的養子劉封帶領
五百人，準備好引火物，在博望坡後
面兩邊等候，待敵軍一到便可放火。叫
回在樊城的趙雲打頭陣，但不能打贏，
只能裝作打輸後退，把敵軍引進來。」

諸葛亮轉向劉備說：「主公今日便可帶領些人駐守在南面博望山下，明日黃昏敵軍必到，屆時主公放火棄營而走，見到博望坡起火後便轉身回殺作後援。各位將領務必按計行事，**不得有失。**」

關羽冷冷地說：「眾將都率兵出陣，軍師做什麼呢？」

「孔明在此坐守縣城，着人準備慶功宴。」諸葛亮淡定地回答。

張飛大笑：「我們拚死殺敵，軍師倒好自在！」

劉備呵斥道：「人說『**運籌帷幄之中，決勝千里之外**』，軍師是在盡

自己的職責，賢弟不得違抗軍令！」

關張二人憤憤離去，自言自語地說：「哼，且看看他的錦囊妙計究竟靈不靈，到時候再與他算賬也不遲！」

＊　　＊　　＊　　＊

戰事正如諸葛亮算計的那樣：夏侯惇和于禁領兵追擊假裝敗退的劉備，進入了道路狹窄的博望山谷，雖然李典警告說不要長驅直入，要防止敵方放火燒糧，但是已經中計陷入埋伏圈內，四周的蘆葦叢突然起火，一時間**火光熊熊**，夏侯惇帶兵突圍，官兵互相踐踏，死傷無數。關張兩邊照

計行動，燒毀了曹軍路上的物資和博望的糧庫。幸虧李典率兵來救援，夏侯惇才得以**脫險**。

心悅誠服

戰事結束，劉備大軍獲得全勝，官兵喜笑顏開，消除了先前對諸葛亮的疑慮，紛紛讚道：

「這一仗**打得漂亮**！我軍僅僅用了三千人，擊退了曹軍三萬人！」

「夏侯惇還誇口要活捉主公和軍師，反倒落得個狼狽逃竄的臭名，看他如何向曹操交代！」

「軍師果真能**神機妙算**，計劃得

出色，打得就漂亮，看來我軍真是需要如此一位**好軍師**！」

民間也盛傳一首讚歌：博望相持用火攻，指揮如意笑談中。直須驚破曹公膽，**初出茅廬第一功**！

關羽和張飛此時也理屈詞窮，說不出對諸葛亮的半個「不」字。

「看來孔明倒是真有他的一套辦法啊！」關羽豎起大拇指讚道。

「這下我是真的服了，怪不得大哥如此器重他，千方百計要邀得他出山，又拜為軍師，視如珍寶！」張飛說。

「人家書讀得多了，自有點本

事，這點我們這些粗人是及不上的。」
關羽歎道。

「哎，以前不了解他，曾多次冒犯，我們應該如何補償呢？」張飛問。

「我看，」關羽想了一下，「不如我倆請他喝酒，席間向他**道歉**，就算和解了。你看如何？」

「好啊，這是個好辦法，想必他不會拒絕邀請。」張飛同意，「但是，若是能請大哥同席，氣氛可能會好一些。」

「這件事好辦，大哥一定會出席的。」關羽説。

劉備聽了這個提議後，自然非常

高興，四人就非常難得地坐在一起喝了一晚酒。

席間，關張兩人舉杯向諸葛亮敬酒，說：「首先，敬賀軍師出山後建立第一功，博望大戰我軍大獲全勝，全靠軍師精心籌劃，運籌帷幄，我等不勝欽佩！敬軍師一杯！」

諸葛亮馬上起身謝道：「孔明剛來這裏，全靠兩位將軍提攜協助。此戰要不是兩位率軍埋伏山頭及時出擊，一定沒有這麼輝煌的戰果。孔明倒是要敬兩位大將軍一杯啊！」

關羽又說：「日前我倆多處冒犯軍師，實屬無知，今向軍師鞠躬道

歉，還望軍師**大人不記小人過**，不要放在心上。」

說着，兩人站起向諸葛亮深深一鞠躬。

諸葛亮趕忙還禮，說：「將軍言重了，孔明只學得一些書本知識，一知半解；兩位將軍久經沙場，富有實際作戰經驗，實為孔明敬重。今後還望兩位**多多提點**，使孔明少犯錯誤。」

劉備見雙方態度誠懇，說話得體，席間氣氛和諧，便非常高興地說：「賢弟和軍師都說得非常對！今後我就要靠各位精誠合作，協力籌劃復興漢室大業了！」四人舉杯歡飲。

後來發生了另一件事，使得關張兩人對諸葛亮更是**心悅誠服**：

攻下博望城後，劉備留下關羽

帶兵駐守在那裏。起初平安無事，但入夏後幾個月連續乾旱無雨，河道池塘全都見底，即將成熟的莊稼都乾死了，城內嚴重缺水，百姓飢渴難忍，

人心浮動。關羽就寫信給諸葛亮，説了博望的困難，要求撤軍。

諸葛亮收到信後心想：博望是個軍事重鎮，**怎能放棄？**

他心生一計，回信告訴關羽：用麵粉加上少量水，搓成圓蓋狀的麵糰，放在鍋裏烤熟當主糧，如此可節省生活用水。

關羽按此方法下令百姓以此當主食。如此烤成的大圓餅大如盾牌，敲打時嘭嘭有聲，吃起來脆香可口，省糧省水，製作方便，很受大眾歡迎。全城軍民靠此度過了旱季，保住了城鎮。

關羽更是心中欽佩：軍師不僅會

打仗，還會製作餅食，**真是奇人啊！**

其實這裏也有諸葛亮夫人黃月英的功勞，是她出的主意，幫助試製成功的。這種餅本名「博望鍋饋」，它的形狀似頭盔，日後就以「博望鍋盔」之名成為了該地的著名小食。

第四章
出使江東聯孫權

舌戰羣儒

建安十三年，也即公元208年，劉表的長子劉琦受到繼母排擠，於是向他敬重的諸葛亮請教如何自救。諸葛亮舉了幾個史例說：「你難道看不見這些人在國內遭受禍害，逃亡在外就獲得生存嗎？」劉琦領悟了，便自薦為江夏太守，避開了繼位之爭。

不久，劉表病逝，次子劉琮即位。諸葛亮對劉備建議道：「當前是奪取荊州的好機會，主公，**行動吧！**」

可是，為人仁厚的劉備下不了決心：「劉表叔有恩於我，實在不忍心在此時刻趁火打劫啊！」

諸葛亮勸說無效，痛惜失去良機。

已經統一北方的曹操卻利用了此次機會，率領二十萬大軍南下，嚇破

膽的劉琮立即投降。曹操趁勝又向劉備駐紮的樊城趕來。

劉備與諸葛亮商量對策。諸葛亮說：「曹軍**聲勢浩大**，我們僅幾千人馬，暫時不能正面對抗。目前形勢緊急，不如我們撤到江陵，再用水路到江夏劉琦那裏去。」

於是劉備率領樊城軍民向南撤退，新野、襄陽的百姓都願意跟着劉備走，於是這支隊伍越走越大，行進速度越來越慢。

曹操知道江陵囤有大批糧食和武器，便統率五千騎兵日夜兼程追趕劉備，在長坂坡一帶交戰，幸好張飛出

陣，劉備才能脫身，又得到劉琦出兵來接應，一行人就直奔江夏而去。

曹操佔領了江陵和荊州江北四郡，收編了荊州軍七、八萬人馬和一大批軍用物資。他擔心劉備在江夏聯合東吳，便一方面向東吳送去戰書，稱準備了八十萬大軍要來與孫權較量。另一方面加緊訓練水兵，增強兵力。東吳的許多大臣嚇破了膽，主張投降曹操。

東吳的孫策佔領江東後，因傷重而亡。臨終前交權給弟弟孫權，並說：「今後內務問張昭，外事找周瑜。」張昭、周瑜兩位都是東吳大臣，曾協助孫策發展。

劉備一行到達江夏區的夏口，諸葛亮對劉備說：「目前情況**危急**，請讓我去向孫將軍**求救**，聯合東吳一起對抗曹操。」劉備就派他出使江東。

那時孫權駐軍柴桑，見曹操大軍壓境，心中也很焦急，便派大臣魯肅以給劉表弔喪為名，去江夏探探劉備的虛實，看看是否有可能聯合抗曹。這正好和諸葛亮的心意相合，諸葛亮就和魯肅一起坐船去柴桑。

東吳大將張昭召集了二十多名文武大臣一同見諸葛亮。會議一開始，張昭就挑釁說：「聽說劉備三顧茅廬才請得先生下山輔佐，想取得襄陽、

荊州一展鴻圖，怎麼現在反而被曹操奪去了呢？」

諸葛亮心想，要説服眾官，必定先要煞住東吳這第一謀士的威風，於是他從容答道：「劉皇叔乃仁心之人，不忍心奪取同宗地盤。他現在駐兵江夏，下一步自有主張，取得襄陽、荊州是早晚的事，對他來説易如反掌。」

張昭進一步挑釁説：「那麼先生就自相矛盾了。先生自比管仲和樂毅兩位濟世之才，民眾都期望先生能助皇叔振興漢室。但是劉備得到先生輔佐後反而不如以前，現在曹操一出兵，你們就望風而逃，無容身之地，

這是管仲、樂毅的所作所為嗎？」

諸葛亮笑道：「大鵬展翅高飛，其志向豈是一般鳥類能明白的？重病在身的人，要先用稀粥調理，再加以良藥治病及肉糜補身，立即重補反而傷身。皇叔手下兵將不過千人，主將只有關羽、張飛、趙雲，暫時以新野容身。在此情況下都能有博望大勝，可能管仲、樂毅都難做到吧？皇叔不忍奪取荊州，撤退時帶領大批百姓，這些都是他大仁大義的表現。**勝敗乃兵家常事**，天下之事要靠好好謀劃，豈是一般只會坐在那裏誇誇其談的人所能理解的！」

　　諸葛亮一番義正辭嚴的答辯，使得張昭無言以對。此時，又有人問道：「現在曹操以百萬之師要踏平荊州，攻下江夏，先生怎麼辦呢？」

　　諸葛亮說：「曹操的軍隊大部分是收降士兵，並不可怕。但是皇叔幾千人的仁義之師怎能抵擋兇猛的百萬人呢？所以在江夏等待時機。而你們江東兵強糧足，又有長江這地利，但仍有人想投降曹操，不怕天下人恥笑嗎？」對方啞口無言。

　　一名謀士問道：「先生是想學蘇秦、張儀，來東吳做說客吧？」

　　諸葛亮回答說：「蘇秦、張儀都

是豪傑，懷有扶國強國之志，不是恃強欺弱之輩。你等一見曹操虛張聲勢就心驚膽戰，一心想投降，哪有資格來嘲笑蘇秦、張儀啊！」

有人誇曹操已掌握三分之二天下，對比之下，顯得劉備無能；也有人嘲笑劉備由貧困家庭出身……都被諸葛亮對答如流，一一駁回。

智激孫權

諸葛亮正和東吳的文武大臣們舌劍唇槍地激烈辯論之時，一位大將闖進來大聲說道：「曹軍壓境，大家不想法對付，而在這裏空談，**有什麼用？**」

　　原來這是主戰的老將黃蓋。黃蓋轉向諸葛亮說：「先生別在這裏浪費口舌了，請把您的主張去向主公說說。」

　　同樣主戰的魯肅點頭說是，馬上領諸葛亮去見孫權。他對諸葛亮說：「見了主公，千萬別說曹軍人馬數量眾多啊！」

諸葛亮笑笑回答：「我自有分寸，會隨機應變。」

這是諸葛亮第一次見到孫權。他見孫權**儀表堂堂**，**面相威嚴**，心想對此等人物就應該用智慧去激他，而不必直述道理。

孫權很熱情地接待諸葛亮，開門見山地問道：「先生近日在新野，幫助劉備和曹操決戰，一定知道曹操的實力究竟如何？」

諸葛亮答道：「曹軍水陸兩路，應有一百萬之多。」魯肅聽了大驚，連連向諸葛亮使眼色。諸葛亮裝作不見。

孫權問：「他這百萬大軍不會是

誇口之説吧？」

　　「沒有誇口。曹操在兗州已有二十萬軍，平了袁紹又得了五、六十萬，在中原新招三、四十萬，今又得荊州軍二、三十萬，所以估計不下

一百五十萬了。」諸葛亮說。

「如今曹操平了荊州，下一步的打算是什麼？」孫權問道。

「曹操在大練水兵，準備戰船，沿江紮營，不是想**取得江東**還想幹什麼？」諸葛亮反問。

孫權說：「若是曹操有吞併東吳之意，我是打，還是不打？請先生為我**出個主意**。」

「現在天下大亂，將軍起兵佔了江東，劉皇叔也聚軍在漢南，都在和曹操爭奪天下。如今曹操已平定了多地，威震四海，皇叔暫無用武之地，逃到江夏。請將軍自己量力來處理：

假如您用江東的實力可以與曹操抗爭，那就早些與他斷絕關係；假如不能與之抗爭，何不放下武器向他投降呢？恕我直說，只怕將軍不愛聽：現在將軍表面上服從曹操，內心又很猶豫。若不早點作出決定，**大禍就要臨頭了！**」諸葛亮不客氣地說。

孫權聽了很不高興，也就不客氣地問道：「照你這麼說，為何劉備還不投降？」

諸葛亮說：「劉皇叔是皇室後代，英才蓋世，民眾都很愛戴他仰慕他，都跟隨他猶如百川歸海。皇叔征服不了曹操，那是天意，怎能向他屈服呢？」

　　孫權很生氣地說：「我不能把東吳之地和十萬百姓交給別人控制。我的主意已經定了！只有劉皇叔才能抵擋曹操，但是皇叔最近戰敗，**怎能擔此重任？**」

　　諸葛亮耐心分析說：「雖然皇叔剛遭挫敗，但關羽將軍仍有精兵萬人，劉琦在江夏也有萬人。將軍擁有十萬人馬和江東三代基業，也不願拱手讓給曹操。其實曹兵雖人多，但遠道而來，士兵已疲憊，他的輕騎兵一天一夜行軍三百多里，已是強弩之末，是兵法所忌諱的事，而且北方人不習慣南方的水戰。荊州兵出於無奈

入了曹營，非是本意。將軍若是能真心誠意與劉備聯手對抗曹操，定能取勝，到時曹操退到北方，荊州和東吳的實力就能加強。如今**成敗的關鍵**就在將軍的決定了。」

孫權覺得諸葛亮說得有道理，但是他夾在主和派與主戰派之間，猶豫不決，便請正在鄱陽湖訓練水軍的大將軍周瑜回來商議。

再激周瑜

周瑜也是主張對抗曹操的。他一回來，主戰及主和的兩派都來找他，紛紛陳述對戰和投降的理由及利弊。周

瑜沒有正式表態。晚上，魯肅就拉他去見諸葛亮。

諸葛亮見周瑜**儀表非凡，風流倜儻**，就知道這是位能人，無須對他講道理說教，而是要用激將法來激起他的鬥志。

諸葛亮說：「曹操一向善戰，以前與他作對的呂布、袁紹、袁術、劉表都被他擊敗，現在無人能與他匹敵。只有劉備不死心，現暫居江夏，還想與曹操日後**一比高下**。東吳現在也遭受曹操威脅，多數大臣主張投降求和，如此倒也能保住江山，將軍亦可繼續享有富貴榮華，看來是一上策啊！」

　　周瑜大怒：「先生來這裏是要勸
我們投降？難道沒有對付曹操的辦法
嗎？」

　　諸葛亮説：「辦法倒是有一個，聽
説曹操建造了一座華麗的銅雀台，選

107

遍天下美女住在裏面。他還曾許下兩個願望，一是踏平天下當皇帝，一是要得到江東喬公的兩個漂亮女兒大喬和小喬供養在雀台中。所以，將軍不妨向喬公索得二喬獻給曹操，他必定無意再來攻打東吳。」

周瑜不信：「先生怎知有此事？」

「曹操曾令他的二兒子曹植作了一篇《銅雀台賦》，辭藻華麗，我就背了下來，其中有一句曰：『攬二喬於東南兮，樂朝夕之與共。』他的**野心**不是昭然若揭嗎？」

周瑜聽了**勃然大怒**道：「曹操這老賊竟想打這個主意！先生有所不

知，大喬是孫策將軍的夫人，小喬是我的妻子。豈可聽任曹操如此侮辱！我回來本是要建議主公下決心與曹操決一死戰，但不知竟有眾多文武大臣主張講和投降，望先生能**助我一臂之力**，共同消滅曹賊。」

諸葛亮表態說：「劉皇叔差遣我來，是誠心誠意想與東吳聯手擊敗曹操。我願為將軍効勞。」

草船借箭

第二日，周瑜和諸葛亮見了孫權，再一番勸說，孫權也就下定決心與劉備聯合對抗曹操。他抽出佩刀

「嘩」地砍下案桌一角說：「誰再提投降曹操，就和這案桌一樣下場！」

孫權任命周瑜為最高軍事統帥——都督，以三萬水軍會合劉備共同作戰，諸葛亮留在東吳協助。

周瑜見諸葛亮很有才能，心中妒忌，總想找機會為難他，甚至排除他。

周瑜問諸葛亮：「我們與曹軍交戰，先生認為用什麼武器最好？」

「水上交戰，當然用弓箭最合適。」

「先生的想法與我不謀而合。但是目前軍中沒有足夠的箭，還望先生督工於十日內趕製出**十萬枝箭**。」

諸葛亮心中明白周瑜是在故意刁難，他一口應承：「都督委託，一定辦好。不用十天，三天即可。」

周瑜很吃驚：「這是軍務，不能開玩笑。」

「我哪敢與都督開玩笑。明天起，三日內交箭十萬枝，第四日天亮時，請派五百士兵到江邊搬箭。完成不了任務我甘願受軍法處置。」諸葛亮立下了軍令狀。

周瑜以為諸葛亮誇大口中了計，心中暗暗高興。

魯肅知道後埋怨諸葛亮：「你這是自尋死路啊？三日內怎能完工？」

「別擔心，請聽我安排，但暫且別告訴周瑜：請為我準備二十條船，每船上有三十名士兵。船用青布罩起，船的兩側豎立一千多個草把子，我自有用處。」

魯肅照此辦理。第一天，不見諸葛亮有所動靜。第二天，也是毫無作為。魯肅很為諸葛亮擔憂。第三天晚上四更時分，諸葛亮請魯肅一起上船：「**我們去收箭。**」魯肅心中疑惑，不知他葫蘆裏賣的是什麼藥。

諸葛亮下令把二十艘船用繩索連起，直向北駛去。當時江上大霧瀰漫，視野不清。天亮前船隻已駛近曹軍水寨，諸葛亮命令船隊一字排開，船頭向東，並要士兵們擂鼓吶喊，叫曹軍出來應戰。

曹操接到軍報下令道：「江面大霧，看不清敵方虛實，只能用弓箭對

付，不讓敵兵靠近。」曹操調來六千名射手支援，萬名弓箭手一齊向江面猛射，**箭如雨下**。

船一側的草把子上插滿箭後，諸葛亮下令船隊掉頭，使船尾向東。曹軍繼續弓箭攻勢。

天色將明，船隊的兩側草把子上都已插滿了箭。此時諸葛亮下令士兵停止擊鼓吶喊，高喊：「**感謝丞相贈箭！**」迅速將船隊向南駛回營地。

等到曹操明白上了當，諸葛亮的船隊已經遠去，追也無用。

五百吳兵已經來到江邊搬箭。每條船的草把子上約有五、六千枝箭，

二十條船上共有十萬餘枝。諸葛亮順利完成任務。

魯肅問諸葛亮：「先生怎知今晚會有大霧呢？」

「當將軍的怎能不通曉天文氣象呢？我早就算出今晚會大霧，才敢有此一舉。」

魯肅向周瑜匯報了收箭經過，周瑜歎道：「孔明**神機妙算**，真有本事，我及不上他啊！」

第五章

火燒赤壁挫曹操

祭壇借風

周瑜得到了諸葛亮用妙計贏得的十萬多枝箭，信心倍增，便準備進攻曹營了。

那時正是北風呼嘯的冬天，河面風浪很大。曹營的士兵水土不服，又不習慣船隻的顛簸，許多人都暈船嘔吐，體力不支。有人獻計把戰船用鐵鏈連接起來，鋪上木板，造成「**連環船**」，減少船隻顛簸。果然，船身就平穩了，人在船上行走如在平地，士

兵的情況就大為改善。曹操一見如此解決了士兵暈船問題，非常高興，躊躇滿志，認為此戰必勝無疑。

東吳大將黃蓋前來見周瑜，提出對作戰的想法：「曹軍數量多於我軍數倍，要想個辦法智取啊！」

周瑜問他有什麼好方法，黃蓋只說了兩個字：「火攻！」

「正合我心意！」周瑜說，「他們的連環船雖然平穩，但是最怕火攻。我還在想，要有個人假裝投降，把假情報送進曹營才行。」

「我願前去！」黃蓋毛遂自薦。

「這是一條苦肉計，你要吃些苦

頭才能得到曹操的信任啊！」

「我不怕，為了東吳，我甘願上刀山火海，**無怨無悔！**」黃蓋說。

第二天，周瑜就召開了眾將領的軍事會議，並請諸葛亮也參加。

會議上，周瑜宣布馬上與曹操開戰，要各將領有作戰三個月的準備。

他剛說完，黃蓋就站出來反對：「曹軍的數量是我軍的數倍，三個月打不贏，就投降吧！」

周瑜裝作大怒，罵他在戰前口出狂言，擾亂軍心，下令手下把他拉出去斬首。

眾將紛紛為黃蓋求情，說他是東

吳老將，功勳顯著，大戰迫在眉睫，
不宜殺將，留待戰後再處理也不遲。

　　諸葛亮心明眼亮，一看就知道這
是一齣**苦肉計**，所以不出一聲。

周瑜就説：「看在大家為黃蓋求情的面上，免了他一死，但仍要重罰，改為鞭笞一百下！」

武士當場就把黃蓋按在地上，重重打了五十下，打得他皮開肉綻，奄奄一息，昏迷了過去。眾將實在看不過眼，又跪下為黃蓋求情，周瑜就免了餘下五十大板。

黃蓋寫了一封投降書，託了一位好友送到曹營。曹操起初不信，後來又派了密探混入東吳打聽，密探回來匯報東吳上下都在説黃蓋因建議投降曹操而遭受鞭刑之事，加上黃蓋還幾次設法把東吳的軍情消息送去曹營，

曹操這才信以為真。

有一日，周瑜站到山頭觀察敵情，寒冬臘月颳的都是西北風，若是放火，火勢反倒會吹向吳營。周瑜心裏着急，又受了風寒，病倒了。

魯肅很着急，來找諸葛亮：「大戰即將開始，主將卻病倒了，怎麼辦呢？」

諸葛亮笑道：「我能夠治好他的病。」

魯肅帶他去見周瑜。諸葛亮問周瑜：「怎麼好好的就病了呢？」

「**人有旦夕禍福啊！**」周瑜說道。

「是啊，**天也有不測風雲呢！**」諸葛亮意味深長地說，「將軍的病只要通通氣就可以了。要不要我給你開個藥方通氣？」

說着，諸葛亮提筆在一白紙上寫下幾個字遞給周瑜：「欲破曹公，宜用火攻。萬事俱備，只欠東風。」

這真是說到周瑜心裏了，他不得不佩服諸葛亮的智慧，就說：「請賜教。」

「我曾向一道人學過呼風喚雨的奇術，將軍若是在三日內這樣做，我保證能**借來三天東南風**。」諸葛亮說了他的方法。

其實諸葛亮精通天文地理，對天氣風向很有研究。根據氣象規律，多日嚴寒之後往往會回暖幾天，風向就會變。他早就觀測到近日會有一陣東南風颳來，所以已是胸有成竹。說什麼築壇祭風，不過是故弄玄虛、佯作神秘而已。

　　周瑜一聽，立刻神清氣爽，病痛全無。他就完全按照諸葛亮的指示，命令五百士兵在南屏山上建了一座九尺高的三層七星壇，一百二十人手持旗幟圍繞着守壇。

　　到了該日，諸葛亮洗淨齋戒後，身披道袍，赤腳散髮，上壇祭風。每日上壇三次，下壇三次。如此做了兩日內，毫無動靜，周瑜內心着急。

　　到了第三日近三更時分，周瑜在帳篷內只聽得風聲颯颯，出來一看，所有旗幟都被東南大風吹得向西北飄動，正是作戰的**好時機**！

　　周瑜高興之餘，想到諸葛亮的本

事真大，不除掉他總是個禍害，就派人從水陸兩路趕到南屏山去截殺他。

諸葛亮早就料到周瑜會來這一手，東風一起，他就下壇走到江邊，坐着趙雲來接他的快船走了。吳軍的船追趕過來，士兵大聲喊道：「**先生別走**，將軍要為您慶功，並有事與您商議。」

諸葛亮站在船頭回答説：「回去告訴周將軍乘東風好好用兵，我回江夏去與你們接應，共同作戰，**來日再見！**」

吳兵還想追趕，趙雲站在船尾舉起弓箭説：「我是奉主公之命來接

軍師的。請你速回，不然我就不客氣了。」說着，他一拉弓，一枝箭飛出去射中吳船的帆繩，船帆掉入水中，船就動不了了，趙雲的快船就飛快地向前駛去。

周瑜知道後，頓足長歎自己痛失了除去隱患的機會。

赤壁大戰

有了諸葛亮借來的東風，周瑜次日就速速出動水兵，分派了各路的戰鬥任務；同時令黃蓋與曹軍聯絡，約定當晚三更的投降時間。

諸葛亮回到江夏後，與劉備、劉

琦合計如何配合周瑜的戰事。

諸葛亮說：「東吳那邊已經準備得差不多了。周瑜是個不簡單的人物，他的苦肉計看來曹操會中計，我也已經為他借來了東風，現在箭在弦上，**一觸即發**。我們要派幾名大將去配合他們。」

他們商議後，決定派出趙雲、關羽、張飛等大將各帶人馬去攔截曹軍。

劉備和周瑜的兩路士兵水陸並進，在赤壁和曹軍相遇。曹軍的戰船停靠在北岸烏林一側，周瑜、劉備的戰船在南岸赤壁一側，與曹軍在江的南北岸**對峙**。

　　曹軍中很多士兵是從荊州戰事中招募的新編水軍，戰鬥力比較弱；加上北方來的士兵不服水土，又遭到瘟疫流行，所以士氣不很旺盛。而主將曹操因為採用了連環計穩定了戰船，減少了顛簸，又有黃蓋送來的吳營軍情，所以信心十足，甚至有點得意忘形了，以為收復江南就在眼前。

　　這天，謀士程昱向曹操報告說：「昨晚突然颳起了東南風，風勢越來越大，我們的連環船要**提防敵人火攻啊**！」

　　曹操不以為然：「隆冬颳的都是西北風，可能是季節轉換時起了一陣

東南風，那是短時間的，不用擔心。」

正在此時，曹操收到了黃蓋的密報，說是今晚二更將帶着幾名東吳大將的頭顱，劫了糧船前來投奔，以青龍牙旗為標誌。

曹操大喜，令人擺上酒席，飲酒作樂。到了晚上，他率領眾將聚集在司令大船上，等候黃蓋的到來。

到了二更時，果然見寬闊的江面上隱隱約約有一船隊順風駛來，船上都插着青龍牙旗，頭船上還飄着「先鋒黃蓋」四個大字。船上士兵齊聲高呼：**「黃蓋來投降了！」**

曹操得意地説：「黃蓋一到，大

功就要告成了！」

　　細心的程昱發現有異，急急對曹操說：「看來不對呀，糧船一定很重很穩，但是這些船輕飄飄的，行走得很輕快，先別讓他們靠近水寨。」

　　曹操這時才有些醒悟，急忙派幾艘巡邏艇前去攔截。但是**哪能來得及？**只見海上船隊駛近曹營二里地之遠時，站在船頭的黃蓋一揮大刀，船隊的十多艘船同時點起火把，直向曹軍船隊衝來，風猛火烈，火借風勢，風助火威，火船馬上燒着了曹軍連成一片的船隻，火勢又蔓延到岸上的曹軍營盤，一發不可收拾。

霎時間，火光沖天，赤壁江面一片火紅，火光把沿江的石壁都照紅了，曹軍不是被燒死就是落水溺死。孫劉聯軍乘勢渡江，從赤壁的左、中、右三面圍殺，曹軍大敗。

曹操大聲喊道：「**不好了，快撤！**」於是他下令燒掉其餘船隻，不留給蜀軍，帶着百多名士兵騎上馬匹向烏林逃去。一路遇到劉備和諸葛亮派出的趙雲、張飛、關羽三次追殺，更是損兵折將。最後曹操一行走上了華容道，這裏路面狹窄，道路泥濘，又颳着大風，馬匹行走困難。曹操下令士兵割下路旁的草來鋪路給人馬行

走。曹軍又凍又餓，疲憊不堪，完全喪失了戰鬥力，很多士兵陷入泥潭，或被馬匹踩死。

此時，曹操突然哈哈大笑起來，副將問：「**丞相有何事好笑？**」

曹操說：「我笑周瑜、諸葛亮等人還是不及我，若是換了我，一定會在這難行之地設下埋伏。要是真如此，我們就是死路一條了！」正說着，果然前面一聲炮響，只見大將關羽手持青龍刀，身跨赤兔馬，帶着一列刀槍手攔住了去路。曹操以為自己只有絕路一條了，程昱低聲提醒他說：「關羽很講義氣，以前丞相對他

不錯，不如去求求他**放我們一馬**。」

曹操也只能走這一步了，他就向關羽求情說：「今日不幸兵敗如此，望將軍看在昔日的情分上，放過我們吧。」

關羽起初猶豫，但是想到當年被曹操俘虜時曹操對他的恩義，便撥開馬頭下令部下散開，曹操趁機帶領僅有的二十多人衝了過去。

關羽沒有完成任務回到營裏，劉備對諸葛亮說：「關將軍一向重情義，此次成全他對曹操以德報怨，我們就做了一次人情吧。」諸葛亮同意，沒有追究關羽的失職。

　　赤壁之戰是三國時期第一次發生在長江流域的大規模水戰，也是三國時期三大戰役中最為著名的以少勝多的一場。孫權與劉備聯合取得這場大戰的勝利，大大挫減了曹操的威風，曹軍損失了一半。曹操怕北方不穩，就留下幾位將軍守住江陵和襄陽，自己率領殘餘兵馬回到北方，自此再也沒有如此大規模的南下攻戰。

諸葛亮鋒芒畢露，
盡顯機智頭腦！

下冊預告

　　承接第一冊，曹操在赤壁大敗後，諸葛亮繼續為劉備獻計。

　　在此期間，周瑜和諸葛亮多次激烈鬥智，峯迴路轉……

　　東吳聯合曹操攻佔了荊州，劉備親率大軍東征，想奪回此地。諸葛亮極力勸阻，但劉備報仇心切，竟一意孤行。後來，劉備更病入膏肓，要把兒子劉禪託付給諸葛亮……

欲知後事如何，
且看《三國風雲人物傳2》！

三國風雲人物傳 1
隱世高人諸葛亮

作　　者：宋詒瑞
插　　圖：二三
責任編輯：葉楚溶
美術設計：李成宇
出　　版：新雅文化事業有限公司
　　　　　香港英皇道 499 號北角工業大廈 18 樓
　　　　　電話：(852) 2138 7998
　　　　　傳真：(852) 2597 4003
　　　　　網址：http://www.sunya.com.hk
　　　　　電郵：marketing@sunya.com.hk
發　　行：香港聯合書刊物流有限公司
　　　　　香港荃灣德士古道 220-248 號荃灣工業中心 16 樓
　　　　　電話：(852) 2150 2100
　　　　　傳真：(852) 2407 3062
　　　　　電郵：info@suplogistics.com.hk
印　　刷：中華商務彩色印刷有限公司
　　　　　香港新界大埔汀麗路 36 號
版　　次：二〇二一年七月初版
　　　　　二〇二三年九月第三次印刷

ISBN: 978-962-08-7813-8
© 2021 Sun Ya Publications (HK) Ltd.
18/F, North Point Industrial Building, 499 King's Road, Hong Kong
Published in Hong Kong SAR, China
Printed in China